LA CASA Y EL LADRILLO

Diseño de tapa: María L. de Chimondeguy / Isabel Rodrigué

MARIO BENEDETTI

LA CASA Y EL LADRILLO

EDITORIAL SUDAMERICANA
BUENOS AIRES

SEGUNDA EDICIÓN POCKET
Enero de 2001

IMPRESO EN ESPAÑA

*Queda hecho el depósito
que previene la ley 11.723.
© 2000, Editorial Sudamericana S.A.®
Humberto Iº 531, Buenos Aires.*

www.edsudamericana.còm.ar

ISBN 950-07-1821-9

© 1977, Mario Benedetti.

a los que
adentro y afuera
viven y se desviven
mueren y se desmueren

LA CASA Y EL LADRILLO

*Me parezco al que llevaba el ladrillo consigo
para mostrar al mundo cómo era su casa.*

BERTOLT BRECHT

Cuando me confiscaron la palabra
y me quitaron hasta el horizonte
cuando salí silbando despacito
y hasta hice bromas con el funcionario
de emigración o desintegración
y hubo el adiós de siempre con la mano
a la familia firme en la baranda
a los amigos que sobrevivían
y un motor el derecho tosió fuerte
y movió la azafata sus pestañas
como diciendo a vos yo te conozco
yo tenía estudiada una teoría
del exilio mis pozos del exilio
pero el cursillo no sirvió de nada

cómo saber que las ciudades reservaban
una cuota de su amor más austero
para los que llegábamos
con el odio pisándonos la huella
cómo saber que nos harían sitio
entre sus escaseces más henchidas
y sin averiguarnos los fervores
ni mucho menos el grupo sanguíneo
abrirían de par en par sus gozos
y también sus catástrofes
para que nos sintiéramos
igualito que en casa
cómo saber que yo mismo iba a hallar
sábanas limpias desayunos abrazos
en pueyrredón y french
en canning y las heras

y en lince
y en barranco
y en arequipa al tres mil seiscientos
y en el vedado
y dondequiera

siempre hay calles que olvidan sus balazos
sus silencios de pizarra lunar
y eligen festejarnos recibirnos llorarnos
con sus tiernas ventanas que lo comprenden todo
e inesperados pájaros entre flores y hollines
también plazas con pinos discretísimos
que preguntan señor cómo quedaron
sus acacias sus álamos
y los ojos se nos llenan de láminas
en rigor nuestros árboles están sufriendo como
por otra parte sufren los caballos la gente
los gorriones los paraguas las nubes
en un país que ya no tiene simulacros

es increíble pero no estoy solo
a menudo me trenzo con manos o con voces
o encuentro una muchacha para ir lluvia adentro
y alfabetizarme en su áspera hermosura

quién no sabe a esta altura que el dolor
es también un ilustre apellido
con éste o con aquélla nos miramos de lejos
y nos reconocemos por el rictus paterno
o la herida materna en el espejo
el llanto o la risa como nombres de guerra
ya que el llanto o la risa legales y cabales
son apenas blasones coberturas

estamos desarmados como sueño en andrajos
pero los anfitriones nos rearman de apuro
nos quieren como aliados y no como reliquias
aunque a veces nos pidan la derrota en hilachas
para no repetirla

inermes como sueños así vamos
pero los anfitriones nos formulan preguntas
que incluyen su semilla de respuesta
y ponen sus palomas mensajeras y lemas
a nuestra tímida disposición
y claro sudamos los mismos pánicos
temblamos las mismas preocupaciones

a medida que entramos en el miedo
vamos perdiendo nuestra extranjería
el enemigo es una niebla espesa
es el común denominador o
denominador plenipotenciario
es bueno reanudar el enemigo
de lo contrario puede acontecer
que uno se ablande al verlo tan odioso
el enemigo es siempre el mismo cráter
todavía no hay volcanes apagados

cuando nos escondemos a regar
la maceta con tréboles venéreos
aceitamos bisagras filosóficas
le ponemos candado a los ex domicilios
y juntamos las viudas militancias
y desobedecemos a los meteorólogos
soñamos con axilas y grupas y caricias
despertamos oliendo a naftalina

todos los campanarios nos conmueven
aunque tan sólo duren en la tarde plomiza
y estemos abollados de trabajo

el recuerdo del mar cuando no hay mar
nos desventura la insolencia y la sangre
y cuando hay mar de un verde despiadado
la ola rompe en múltiples agüeros

uno de los problemas de esta vida accesoria
es que en cada noticia emigramos
siempre los pies alados livianísimos
del que espera la señal de largada
y claro a medida que la señal no llega
nos aplacamos y nos convertimos
en hermes apiñados y reumáticos

y bien esa maciza ingravidez
alza sus espirales de humo en el lenguaje
hablamos de botijas o gurises
y nos traducen pibe fiñe guagua
suena *ta* o *taluego*
y es como si cantáramos desvergonzadamente
do jamás se pone el sol se pone el sol

y nos aceptan siempre
nos inventan a veces
nos lustran la morriña majadera
con la nostalgia que hubieran tenido
o que tuvieron o que van a tener
pero además nos muestran ayeres y anteayeres

la película entera a fin de que aprendamos
que la tragedia es ave migratoria
que los pueblos irán a contramuerte
y el destino se labra con las uñas

habrá que agradecerlo de por vida
acaso más que el pan y la cama y el techo
y los poros alertas del amor

habrá que recordar con un exvoto
esa pedagogía solidaria y tangible

por lo pronto se sienten orgullosos
de entender que no vamos a quedarnos
porque claro hay un cielo
que nos gusta tener sobre la crisma

así uno va fundando las patrias interinas
segundas patrias siempre fueron buenas
cuando no nos padecen y no nos compadecen
simplemente nos hacen un lugar junto al fuego
y nos ayudan a mirar las llamas
porque saben que en ellas vemos nombres y bocas

es dulce y prodigiosa esta patria interina
con manos tibias que reciben dando
se aprende todo menos las ausencias
hay certidumbres y caminos rotos
besos rendidos y provisionales

brumas con barcos que parecen barcos
y lunas que reciben nuestra noche
con tangos marineras sones rumbas
y lo importante es que nos acompañan
con su futuro a cuestas y sus huesos

esta patria interina es dulce y honda
tiene la gracia de rememorarnos
de alcanzarnos noticias y dolores
como si recogiera cachorros de añoranza
y los diera a la suerte de los niños

de a poco percibimos los signos del paisaje
y nos vamos midiendo primero con sus nubes
y luego con sus rabias y sus glorias
primero con sus nubes
que unas veces son fibras filamentos

y otras veces tan redondas y plenas
como tetas de madre treinteañera
y luego con sus rabias y sus glorias
que nunca son ambiguas

acostumbrándonos a sus costumbres
llegamos a sentir sus ráfagas de historia
y aunque siempre habrá un nudo inaccesible
un útero de glorias que es propiedad privada
igual nuestra confianza izará sus pendones
y creeremos que un día que también que ojalá

aquí no me segrego
tampoco me segregan
hago de centinela de sus sueños
podemos ir a escote en el error
o nutrirnos de otras melancolías

algunos provenimos del durazno y la uva
otros vienen del mango y el mamey
y sin embargo vamos a encontrarnos
en la indócil naranja universal

el enemigo nos vigila acérrimo
él y sus corruptólogos husmean
nos aprenden milímetro a milímetro
estudian las estelas que deja el corazón
pero no pueden descifrar el rumbo

se les ve la soberbia desde lejos
sus llamas vuelven a lamer el cielo
chamuscando los talones de dios

su averno monopólico ha acabado
con el infierno artesanal de leviatán

es fuerte el enemigo y sin embargo
mientras la bomba eleva sus hipótesis
y todo se asimila al holocausto
una chiva tranquila una chiva de veras
prosigue masticando en el islote

ella solita derrotó al imperio
todos tendríamos que haber volado
a abrazar a esa hermana
ella sí demostró lo indemostrable
y fue excepción y regla todo junto
y gracias a esa chiva de los pueblos
ay nos quedamos sin apocalipsis

cuando sentimos el escalofrío
y los malos olores de la ruina
siempre es bueno saber que en algún meridiano
hay una chiva   a lo mejor un puma
un ñandú una jutía una lombriz
un espermatozoide un feto una criatura
un hombre o dos   un pueblo
una isla un archipiélago
un continente un mundo

tan firmes y tan dignos de seguir masticando
y destruir al destructor y acaso
desapocalipsarnos para siempre

es germinal y aguda esta patria interina
y nuestro desconsuelo integra su paisaje
pero también lo integra nuestro bálsamo

por supuesto sabemos desenrollar la risa
y madrugar y andar descalzos por la arena
narrar blancos prodigios a los niños
inventar minuciosos borradores de amor
y pasarlos en limpio en la alta noche

juntar pedazos de canciones viejas
decir cuentos de loros y gallegos
y de alemanes y de cocodrilos
y jugar al pingpong y a los actores
bailar el pericón y la milonga
traducir un bolero al alemán
y dos tangos a un vesre casi quechua
claro no somos una pompa fúnebre
usamos el derecho a la alegría

pero cómo ocultarnos los derrumbes
el canto se nos queda en estupor
hasta el amor es de pronto una culpa
nadie se ríe de los basiliscos

he visto a mis hermanos en mis patrias suplentes
postergar su alegría cuando muere la nuestra
y ése sí es un tributo inolvidable

por eso cuando vuelva
                    y algún día será
a mi tierra mis gentes y mi cielo
ojalá que el ladrillo que a puro riesgo traje
para mostrar al mundo cómo era mi casa
dure como mis duras devociones
a mis patrias suplentes compañeras
viva como un pedazo de mi vida
quede como ladrillo en otra casa

junio
1976

OTRA NOCIÓN DE PATRIA

Vamos a ver, hombre;
cuéntame lo que me pasa,
que yo, aunque grite, estoy siempre a tus
órdenes.

CÉSAR VALLEJO

Hoy amanecí con los puños cerrados
pero no lo tomen al pie de la letra
es apenas un signo de pervivencia
declaración de guerra o de nostalgia
a lo sumo contraseña o imprecación
al cielo sordomudo y nubladísimo

sucede que ya es el tercer año
que voy de gente en pueblo
de aeropuerto en frontera
de solidaridad en solidaridad
de cerca en lejos
de apartado en casilla
de hotelito en pensión
de apartamentito casi camarote
a otro con teléfono y water-comedor

además
de tanto mirar hacia el país
se me fue desprendiendo la retina
ahora ya la prendieron de nuevo
así que miro otra vez hacia el país

llena pletórica de vacíos
mártir de su destino provisorio
patria arrollada en su congoja
puesta provisoriamente a morir
guardada por sabuesos no menos provisorios

pero los hombres de mala voluntad
no serán provisoriamente condenados
para ellos no habrá paz en la tierrita
ni de ellos será el reino de los cielos
ya que como es público y notorio
no son pobres de espíritu

los hombres de mala voluntad
no sueñan con muchachas y justicia
sino con locomotoras y elefantes
que acaban desprendiéndose de un guinche
            ecuánime
que casualmente pende sobre sus testas
no sueñan como nosotros con primaveras y
            alfabetizaciones
sino con robustas estatuas al gendarme desconocido
que a veces se quiebran como mazapán

los hombres de mala voluntad
no todos sino los verdaderamente temerarios
cuando van al analista y se confiesan
somatizan el odio y acaban vomitando

a propósito
son ellos que gobiernan

gobiernan con garrotes expedientes cenizas
con genuflexiones concertadas
y genuflexiones espontáneas
minidevaluaciones que en realidad son mezzo
mezzodevaluaciones que en realidad son macro

gobiernan con maldiciones y sin malabarismos
con malogros y malos pasos
con maltusianismo y malevaje
con malhumor y malversaciones
con maltrato y malvones
ya que aman las flores como si fueran prójimos
pero no viceversa

los hombres de pésima voluntad
todo lo postergan y pretergan
tal vez por eso no hacen casi nada
y ese poco no sirve

si por ellos fuera le pondrían
un durísimo freno a la historia
tienen pánico de que ésta se desboque
y les galope por encima pobres
tienen otras inquinas verbigracia
no les gustan los jóvenes ni el himno
los jóvenes bah no es una sorpresa
el himno porque dice tiranos temblad
y eso les repercute en el duodeno
pero sobre todo les desagrada
porque cuando lo oyen
obedecen y tiemblan

sus enemigos son cuantiosos y tercos
marxistas economistas niños sacerdotes
pueblos y más pueblos
qué lata es imposible acabar con los pueblos
y casi cien catervas internacionales
que tienen insolentes exigencias
como pan nuestro y amnistía

no se sabe por qué
los obreros y estudiantes no los aman

sus amigos entrañables tienen
algunas veces mala entraña
digamos pinochet y el apartheid
dime con quién andas y te diré go home

también existen leves contradicciones
algo así como una dialéctica de oprobio
por ejemplo un presidio se llama libertad
de modo que si dicen con orgullo
aquí el ciudadano vive en libertad
significa que tiene diez años de condena

es claro en apariencia nos hemos ampliado
ya que invadimos los cuatro cardinales
en venezuela hay como treinta mil
incluidos cuarenta futbolistas
en sidney oceanía
hay una librería de autores orientales

que para sorpresa de los australianos
no son confucio ni lin yu tang
sino onetti vilariño arregui espínola
en barcelona un café petit montevideo
y otro localcito llamado el quilombo
nombre que dice algo a los rioplatenses

pero muy poca cosa a los catalanes
en buenos aires setecientos mil o sea no caben más
y así en méxico nueva york porto alegre la habana
panamá quito argel estocolmo parís
lisboa maracaibo lima amsterdam madrid
roma xalapa pau caracas san francisco montreal
bogotá londres mérida goteburgo moscú
de todas partes llegan sobres de la nostalgia
narrando cómo hay que empezar desde cero
navegar por idiomas que apenas son afluentes
construirse algún sitio en cualquier sitio
a veces   lindas veces   con manos solidarias
y otras   amargas veces   recibiendo en la nuca
la mirada xenófoba

de todas partes llegan serenidades
de todas partes llegan desesperaciones
oscuros silencios de voz quebrada
uno de cada mil se resigna a ser otro

y sin embargo somos privilegiados

con esta rara melancólica
este arraigo tan nómada
este coraje hervido en la tristeza
este desorden este no saber
esta ausencia a pedazos
estos huesos que reclaman su lecho
con todo este derrumbe misterioso
con todo este fichero de dolor
somos privilegiados

después de todo amamos discutimos leemos
aprendemos sueco catalán portugués
vemos documentales sobre el triunfo
en vietnam   la libertad de angola
fidel   a quien la historia siempre absuelve
y en una esquina de carne y hueso
miramos cómo transcurre el mundo

escuchamos coros salvacionistas y afónicos
contemplamos viajeros y laureles
aviones que escriben en el cielo
y tienen mala letra
soportamos un ciclón de trópico
o un diciembre de nieve

podemos ver la noche sin barrotes
poseer un talismán   o en su defecto un perro
bostezar escupir lagrimear
soñar suspirar confundir
quedar hambrientos o saciados
trabajar permitir maldecir
jugar descubrir acariciar
sin que el ojo cancerbero vigile

pero
      y los otros
qué pensarán los otros
si es que tienen ánimo y espacio
para pensar en algo
qué pensarán los que se encaminan
a la máquina buitre   a la tortura hiena
qué quedará a los que jadean de impotencia
qué a los que salieron semimuertos
e ignoran cuándo volverán al cepo

qué rendija de orgullo
qué gramo de vida
ciegos en su capucha
mudos de soledad
inermes en la espera

ni el recurso les queda de amanecer puteando
no sólo oyen las paredes
también escuchan los colchones si hay
las baldosas si hay
el inodoro si hay
y los barrotes que ésos siempre hay

cómo recuperarlos del suplicio y el tedio
cómo salvarlos de la muerte sucedánea
cómo rescatarlos del rencor que carcome
el exilio también tiene barrotes

sabemos dónde está cada ventana
cada plaza cada madre cada loma
dónde está el mejor ángulo de cielo
cómo se mueven las dunas y gaviotas
dónde está la escuelita con el hijo
del laburante que murió sellado
dónde quedaron enterrados los sueños
de los muertos y también de los vivos
dónde quedó el resto del naufragio
dónde están los sobrevivientes

sabemos dónde rompen las olas más agudas
y dónde y cuándo empalaga la luna
y también cuándo sirve como única linterna

sabemos todo eso y sin embargo
el exilio también tiene barrotes

allí donde el pueblo a durísimas penas
sobrevive entre la espada tan fría que da asco
y la pared que dice libertad o muer
porque el adolescente ya no pudo

allí pervierte el aire una culpa innombrable
tarde horrenda de esquinas sin muchachos
bajo un sol que se desploma como buscando

el presidente ganadero y católico
es ganadero hasta en sus pupilas bueyunas
y preconciliar pero de trento
el presidente es partidario del rigor
y la exigencia en interrogatorios
hay que aclarar que cultiva el pleonasmo
ya que el rigor siempre es exigente
y la exigencia siempre es rigurosa
tal vez quiso decir algo más simple
por ejemplo que alienta la tortura

seguro el presidente no opinaría lo mismo
si una noche pasara de ganadero a perdidoso
y algún otro partidario kyrie eleison
del rigor y la exigencia kyrie eleison
le metiera las bueyunas en un balde de mierda
pleonasmo sobre el que hay jurisprudencia
parece que las calles ahora no tienen baches
y después del ángelus ni baches ni transeúntes

los jardines públicos están preciosos
las estatuas sin caca de palomas

después de todo no es tan novedoso
los gobiernos musculosos siempre se jactan
de sus virtudes municipales

es cierto que esos méritos no salvan un país
tal vez haya algún coronel que lo sepa

al pobre que quedó a solas con su hambre
no le importa que esté cortado el césped

los padres que pagaron con un hijo al contado
ignoran esos hoyos que tapó el intendente

a juana le amputaron el marido
no le atañe la poda de los plátanos
los trozos de familia no valoran
la sólida unidad de las estatuas

de modo que no vale la gloria ni la pena
que gasten tanto erario en ese brillo

aclaro que no siempre
amanezco con los puños cerrados

hay mañanas en que me desperezo
y cuando el pecho se me ensancha
y abro la boca como pez en el aire
siento que aspiro una tristeza húmeda
una tristeza que me invade entero
y que me deja absorto suspendido
y mientras ella lentamente se mezcla
con mi sangre y hasta con mi suerte
pasa por viejas y nuevas cicatrices
algo así como costuras mal cosidas
que tengo en la memoria en el estómago
en el cerebro en las coronarias
en un recodo del entusiasmo
en el fervor convaleciente
en las pistas que perdí para siempre
en las huellas que no reconozco
en el rumbo que oscila como un péndulo

y esa tristeza madrugadora y gris
pasa por los rostros de mis iguales
unos lejanos perdidos en la escarcha
otros no sé dónde   deshechos o rehechos
el viejo que aguantó y volvió a aguantar
la flaca con la boca destruida
el gordo al que castraron
y los otros los otros y los otros
otros innumerables y fraternos
mi tristeza los toca con abrupto respeto
y las otras las otras y las otras
otras esplendorosas y valientes
mi tristeza las besa una por una

no sé qué les debemos
pero eso que no sé
sé que es muchísimo

esto es una derrota
hay que decirlo
vamos a no mentirnos nunca más
a no inventar triunfos de cartón
si quiero rescatarme
si quiero iluminar esta tristeza
si quiero no doblarme de rencor
ni pudrirme de resentimiento
tengo que excavar hondo
hasta mis huesos
tengo que excavar hondo en el pasado
y hallar por fin la verdad maltrecha
con mis manos que ya no son las mismas

pero no sólo eso
tendré que excavar hondo en el futuro
y buscar otra vez la verdad
con mis manos que tendrán otras manos
que tampoco serán ya las mismas
pues tendrán otras manos

habrá que rescatar el vellocino
que tal vez era sólo de lana
rescatar la verdad más sencilla
y una vez que la hayamos aprendido
y sea tan nuestra como
las articulaciones o los tímpanos
entonces basta basta basta
de autoflagelaciones y de culpas
todos tenemos nuestra rastra
claro
pero la autocrítica
                        no es una noria

no voy a anquilosarme en el reproche
y no voy a infamar a mis hermanos
el baldón y la ira los reservo
para los hombres de mala voluntad
para los que nos matan nos expulsan
nos cubren de amenazas nos humillan
nos cortan la familia en pedacitos
nos quitan el país verde y herido
nos quieren condenar al desamor
nos queman el futuro
nos hacen escuchar cómo crepita

el baldón y la ira
que esto quede bien claro
yo los reservo para el enemigo

con mis hermanos porfiaré
es natural
sobre planes y voces
trochas atajos y veredas
pasos atrás y pasos adelante
silencios oportunos   omisiones que no
coyunturas mejores o peores
pero tendré a la vista que son eso
hermanos

si esta vez no aprendemos
será que merecemos la derrota
y sé que merecemos la victoria

el paisito está allá
                    y es una certidumbre

a lo mejor ahora está lloviendo
allá sobre la tierra

y aquí
bajo este transparente sol de libres
aquella lluvia cala hasta mis bronquios
me empapa la vislumbre
me refresca los signos
lava mi soledad

la victoria es tan sólo
un tallito que asoma
pero esta lluvia patria
le va a hacer mucho bien

creo que la victoria estará como yo
ahí nomás germinando
digamos aprendiendo a germinar

la buena tierra artigas revive con la lluvia
habrá uvas y duraznos y vino
barro para amasar
muchachas con el rostro hacia las nubes
para que el chaparrón borre por fin las lágrimas

ojalá que perdure
hace bien este riego
a vos a mí al futuro
a la patria sin más

hace bien si llovemos mi pueblo torrencial
donde estemos
                        allá
                                o en cualquier parte

sobre todo si somos la lluvia y el solar
la lluvia y las pupilas y los muros
la bóveda la lluvia y el ranchito
el río y los tejados y la lluvia

furia paciente
                        lluvia
                                iracundo silencio
allá y en todas partes

ah tierra lluvia pobre
modesto pueblo torrencial

con tan buen aguacero
la férrea dictadura
acabará oxidándose

y la victoria crecerá despacio
como siempre han crecido las victorias

CURADOS DE ESPANTO
Y SIN EMBARGO

Entonces ¿mi nombre suena todavía en mi país?

ARTIGAS (en Asunción, 1847)

Si estaremos curados de espanto
si habremos barajado salmodias con ultrajes
sepultado alegrías conjeturas delirios
en el descalabro y en el camposanto
si habremos añorado nuestras azoteas
la cercana vía láctea apenas recorrida
por murciélagos suaves y custodios

vaya si nos habremos atiborrado
de tristezas y pisco
de amarguras y ron
de frustración y vino
de ansiedad y aguardiente

si habremos contrabandeado pesadillas
en plena aduana de la razón pura
almacenado furias en estantes
que no eran precisamente de cristal

si habremos activado y desactivado presagios
disparado contra el azar sin dar en el blanco
revuelto las cenizas sin encontrar el fénix

pucha si estaremos curados de espanto
y sin embargo presidente   so oscurísimo

aunque haya tantas cosas que no podremos
          perdonarle nunca

hoy nos hemos quedado sencillamente pasmados
nos hemos caído literalmente de culo
al enterarnos de su última ignominia

si estaremos curados de espanto
y sin embargo fíjese no creíamos que usted fuera
          tan bruto
tan desertor de la historia como para colgarle una
          medalla
a pinochet sobre el corazón de la casaca
pero sobre todo no creíamos que fuera tan bellaco
como para invocar en ese acto fecal el limpio
          nombre
de artigas protector de los pueblos libres

mire si seremos ingenuos que usted a la postre
resultó más bruto más desertor y más bellaco
que todo cuanto pensábamos de usted
que no era precisamente una dulzura

quizá la explicación esté en su bibliofobia
dudo que haya leído la historia patria de hachedé
para sólo nombrarle
considerando su extraña condición de feligrés
un manualito escrito por un cura
quizá usted ignore quién fue artigas
y eso sí ya es bastante verosímil
porque aquí entre nosotros un rasgo

que siempre lo ha distinguido de sócrates
es que usted nunca sabe que no sabe

de modo que vamos a acercarle un artigas básico
por si loado sea dios quiere usted descondecorar
        al forajido
y no se preocupe por el papelón de leso protocolo
él lo va a comprender mejor que nadie
se sabe destructor de un pueblo libre
y a esta altura ha de sentirse incómodo
llevando en la pechuga semejante sarcasmo
de dieciocho quilates

claro que ni esa salvedad lo salvaría
de otros pecados mortales y veniales
verbigracia torturas veniales y mortales
en que usted puso el cúmplase y el mátese
pues como dijo artigas y aquí arranca
precisamente el curso básico
yo deseo que triunfe la justicia
que los delitos no queden impunes
pero de cualquier modo la noche es larga
y si usted por fin borra el disparate
es probable aunque no fatalmente seguro
que el compañero gervasio no concurra
en ésta y las siguientes madrugadas
a clavarle su mirada de viejo aguilucho

con libertad no ofendo ni temo
ahora se explica
por qué sin libertad usted teme y ofende
en verdad más lo primero que lo segundo

y además además
el pueblo es su juez y acusador
ese viejo sí las sabía todas
y debe temer ser delincuente ante un juez tan severo
de modo que ya ve
comprendemos su miedo

mi autoridad emana de vosotros
y ella cesa por vuestra presencia soberana
de quién emana la suya
so oscurísimo mediocrón
no se le votó para que convirtiera
barcos en chirona   escuelas en cuarteles
             estadios en cafúa
ni para que espantara a un millón de muchachos
orientales el hambre o la tumba

y ahora póngase la garra en el cuore
y diga qué le parece el test propuesto
eso de enfrentar la presencia soberana

podrán arrancarme la vida pero no envilecerme
y usted que se envileció arrancando la vida a sus
             paisanos
usted que se envileció sin que nadie se lo pidiera
y mucho menos le arrancara nada
a no ser algunos comunicados y misivas
que si borges lo permite integrarán
la historia universal de la infamia

todo ciudadano será juzgado por jueces los más imparciales
para la preservación de los derechos de su vida
libertad propiedad y la felicidad de su existencia política
ah si hubiera sabido que don gervasio era
marxista leninista avant la lettre
seguro que no le pone ese nombre a la medalla
qué es eso de jueces imparciales
derechos de vida y otras boberías
le hago notar que omito la palabra propiedad
para que no se le hinchen corazón y estancia
pero en cambio qué es eso de libertad
y existencia política y otras subversiones
dónde se ha visto semejante relajo
ah presidente no sólo la onu
está infiltrada como usted bien lo dijo
también la historia patria
también la historia patria

sean los orientales tan ilustrados como valientes
y usted que clausuró la universidad
y prohibió tantos libros y canciones
y de paso a antonio machado ese letrista de serrat
usted que tuvo presos a quijano y a onetti
y torturó a rosencof el dramaturgo
a massera el matemático
a núñez el periodista
y metió en cana a todo el elenco de el galpón
usted que cerró quince periódicos
prohibió a china zorrilla y a viglietti
y llegó a confiscar el correo de la unesco
mire a qué barbaridades conduce
no ser ni valiente ni ilustrado

en medio de los mayores apuros no me prostituiré
        jamás

un fanático era el viejo eso era
y además un fanático apurado
en cambio usted ha sabido prostituirse
sin prisa y sin pausa
como la estrella
pero no la del cielo germánico de goethe
sino la estrella una puta prehistórica de la calle yerbal

yo voy a continuar mis sacrificios pero por la
        libertad
en cambio usted lo ha dejado bien clarito en la carta
        a sus jefes
está dispuesto a sacrificarse y seguir gobernando
        más allá de lo previsto
o sea a continuar sus sacrificios pero por el
        fascismo
tal vez corresponda aquí citar de artigas
la admirable alarma
y ahora pare la oreja
todo todo está pronosticando el inmediato
estrago y ruina de los tiranos
cómo quiere que pinochet se deleite con su hosanna

fíjese que no sólo le colgó la medalla
también le colgó el pronóstico agorero
es como si en el lóbrego pecho bestial
le hubiera confirmado el estrago y la ruina

por cierto habría sido mejor
que con la sacra anuencia de syracusa
embajador de los banqueros unidos de américa
en la ergástula oriental del uruguay
hubiera honrado al semoviente huésped
con la orden de nixon
pienso que pinochet se habría sentido ufano

con la efigie del ilustre asesino
en pleno corazón de la casaca

y atención que la última bolilla del básico
dice que artigas el veintinueve de noviembre
del año mil ochocientos dieciséis
envió esta consigna al comandante de misiones
viva la patria y mueran los tiranos

ya puede usted morirse con ese magno aval

ZELMAR

o es que existe un territorio
donde las sangres se mezclan

(de una canción de DANIEL VIGLIETTI)

Ya van días y noches que pienso pobre flaco
y no puedo ni quiero apartar el recuerdo

no el subido al cajón a la tribuna
con su palabra de espiral velocísima
que blindaba los pregones del pueblo
o encendía el futuro con unas pocas brasas
ni el cruzado sin tregua que quería
salvar la sangre prójima aferrándose
a la justicia esa pobre lisiada

no es el rostro allá arriba el que concurre
más bien el compañero del exilio
el cálido el sencillo aquel buen parroquiano
del boliche de la calle maipú
fiel al churrasco y al budín de pan
rodeado de hijos hijas yernos nietos
ese flamante abuelo con cara de muchacho
hablando del paisito con la pasión ecuánime
sin olvidar heridas

y tampoco quedándose en el barro
siempre haciendo proyectos y eran viables
ya que su vocación de abrecaminos
lo llevaba a fundar optimismos atajos
cuando alguno se daba por maltrecho

y a pesar de la turbia mescolanza
que hay en el techo gris de la derrota

nadie consiguió que tildara de enemigos
a quienes bien o mal
radiantes o borrosos
faros o farolitos
eran pueblo
            como él

y también comparece el vigilado
por esos tiras mansos con quienes conversaba
de cine libros y otras zancadillas
en el hotel o escala o nostalgiario
de la calle corrientes

sé que una vez el dueño que era amigo
lo reconvino porque había una cola
de cincuenta orientales nada menos
que venían con dudas abandonos
harapos desempleos frustraciones conatos
pavores esperanzas cábalas utopías

y él escuchaba a todos
él ayudaba comprendía a todos
lo hacía cuerdamente y si algo prometía
lo iba a cumplir después con el mismo rigor
que si fuera un contrato ante escribano
no se puede agregar   decía despacito
más angustia a la angustia
no hay derecho

y trabajaba siempre
noche y día
quizá para olvidar que la muerte miraba
de un solo manotazo espantaba sus miedos
como si fueran moscas o rumores
y pese a las calumnias las alarmas
su confianza era casi indestructible
llevaba la alegría siempre ilesa
de la gente que cumple con la gente

sólo una imagen lo vencía
y era la hija inerme
la hija en la tortura
durante quince insomnios la engañaron diciéndole
que lo habían borrado en argentina
era un viejo proyecto por lo visto
entonces sí pedía ayuda para
no caer en la desesperación
para no maldecir más de la cuenta

ya van días y noches que pienso pobre flaco
un modo de decir pobres nosotros
que nos hemos quedado
sin su fraternidad sobre la tierra

no se me borran la sonrisa el gesto
de la última vez que lo vi junto a chicho
y no le dije adiós sino cuidate
pero los dos sabíamos que no se iba a cuidar

por lo común cuando cae un verdugo
un doctor en crueldad un mitrione cualquiera
los canallas zalameros recuerdan
que deja dos tres cuatro
verduguitos en cierne

ahora qué problema este hombre legal
este hombre cabal acribillado
este muerto inmorible con las manos atadas
deja diez hijos tras de sí
diez huellas

pienso en cecilia en chicho
en isabel margarita felipe
y los otros que siempre lo rodeaban
porque también a ellos inspiraba confianza
y qué lindos gurises   ojalá
vayan poquito a poco entendiendo su duelo
resembrando a zelmar en sus diez surcos

puede que la tristeza me haga decir ahora
sin el aval de las computadoras
que era el mejor de nosotros
y era
pero nada me hará olvidar que fue
quien haciendo y rehaciendo
se purificó más en el exilio

mañana apretaremos con los dientes
este gajo de asombro
este agrio absurdo gajo

y tragaremos
                    seguirá la vida
pero hoy este horror es demasiado

que no profane el odio
a este bueno yacente este justo
que el odio quede fuera del recinto
donde están los que quiso y que lo quieren

sólo por esta noche
por esta pena apenas
para que nada tizne
esta vela de almas

pocos podrán como él
caer tan generosos
tan atrozmente ingenuos
tan limpiamente osados

mejor juntemos nuestras osadías
la generosidad más generosa
y además instalemos con urgencia
fieles radares en la ingenuidad

convoquemos aquí a nuestros zelmares
esos que él mismo nos dejó en custodia
él que ayudó a cada uno en su combate
en su más sola soledad
y hasta nos escuchó los pobres sueños

él
que siempre salía
de alguna pesadilla
y si tendía una mano era una mano
y si daba consuelo era consuelo
y nunca un simulacro

convoquemos aquí a nuestros zelmares
en ellos no hay ceniza
ni muerte ni derrota ni tierno descalabro
nuestros zelmares siguen tan campantes
señeros renacidos
únicos y plurales
fieles y hospitalarios

convoquemos aquí a nuestros zelmares
y si aun así fraternos
así reunidos en un duro abrazo
en una limpia desesperación
cada uno de esos módicos zelmares
echa de menos a zelmar
                              será
que el horror sigue siendo demasiado
y ya que nuestro muerto
como diría roque en plena vida
es un indócil
ya que es un difunto peliagudo
que no muere en nosotros
pero muere
que cada uno llore como pueda

a lo mejor entonces
· nuestro zelmar
                    ése de cada uno
ese que él mismo nos dejó en custodia
a cada uno tenderá una mano
y como en tantas otras
malas suertes y noches
nos sacará del pozo
desamortajará nuestra alegría
y empezará a blindarnos los pregones
a encender el futuro con unas pocas brasas

mayo
1976

TEORÍA Y PRÁCTICA

Señoras y señores
hoy trataremos del imperialismo
tema difícil si los hay
y a veces engorroso de sitiar
en sólo media hora de pésimas noticias

en consecuencia intentaré abordarlo
tal como en un pasado alegre y misterioso
se solía abordar los bajeles piratas
quiero decir
                    de un modo irregular

digamos por ejemplo
que una campana suena lejos mansa
y purifica el diálogo y se queda
como el sol en las copas de los árboles

a pesar del calor el horizonte
se pone su bufanda
y unos pájaros sueltos y agilísimos
la recorren
                    y no son golondrinas

nada de eso es el imperialismo

digamos por ejemplo
que una muchacha quiebra la mañana
con sus caderas móviles
sus ojos perentorios
sus labios de cosecha
su paso que no pasa
y el muchacho que espera invencible y modesto
la incluye en su destino la estudia poro a poro
y así centineleándola

se atreve o no se atreve

tampoco eso es el imperialismo

digamos por ejemplo
que un niño escucha el mundo y decidiéndose
le echa su bocanada de candor
aprende cómo son sus pies y se los come
discute con el techo y lo convence
llora para variar y porque sabe
que a su alarido comparece el seno
con su promesa láctea y esa piel
que le gusta sentir junto a los párpados
y sabe que es feliz aunque no sepa
qué precio va a pagar o qué desprecio

tampoco eso es el imperialismo

digamos por ejemplo
que un viejo está aprendiendo el alfabeto
y clava en su memoria los diptongos
y las esdrújulas que son tan cómodas

porque llevan acento indiscutible
tiene rostro de cuáquero este viejo
pero el alma la tiene de resorte
y escribe *llubia* porque en su campito
nunca vio que lloviera con ve corta

tampoco eso es el imperialismo

digamos por ejemplo
que una máquina late en el delirio
dice ruidosamente su producto
y las manos lo ayudan lo enderezan
lo limpian lo acicalan y lo envasan
manos que se conocen hace años
y hace años se mojan y se secan
se dan la bienvenida y los adioses
se preguntan se llaman se responden
se apoyan en la máquina materna
que dice su producto y carraspea
y cuando las ve juntas veteranas
suelta dos o tres lágrimas de aceite

tampoco eso es el imperialismo

digamos por ejemplo
que en la serena noche conyugal la pareja
hizo un hijo porque le dio la gana
y le ha dado la gana porque sabe
que un hijo es el profeta cotidiano
irá anunciándolos de sol a sol
irá diciendo a todos que es un hijo

y se alimentará con insolente
apetito y probará la patria
como si fuera pan caliente y nuevo

tampoco eso es el imperialismo

digamos por ejemplo
que la frontera pierde sus aduanas
y hasta nos invadimos los unos a los otros
nos prestamos volcanes y arroyitos
y cobre y antropólogos y azúcar
y lana y proteínas y arcoiris
y alfabetizadores y durmientes
y poeta y prosistas y petróleo
y el contrabando queda para el viento
y para los amantes migratorios

tampoco eso es el imperialismo

digamos por ejemplo
que la lluvia y el sol nos pertenecen
también el sobrecielo y el subsuelo
las provincias de nuestro corazón
y el territorio de nuestro trabajo

somos iguales ante los iguales
en un mundo de pares y sin otros
una linda locura de los cuerdos
y cierta estratagema de justicia

vamos poniendo tildes a presagios
que se cumplieron o se están cumpliendo

en un comienzo fuimos sólo islas
ahora somos urgentes archipiélagos

tampoco eso es el imperialismo

y digamos por último
que tenemos la noche y nuestra casa
y un reloj que no cuenta hacia la muerte
la ciencia avanza tanto que ha logrado
aislar el virus de la xenofobia
y la patria es ahora un salado bautismo
que va de mar a mar
y los abismos siguen existiendo
aunque nadie se arroje a su silencio

siempre es duro vivir pero se vive
dentro de las esclusas de la vida

y una vez más afirmo
nada de esto es el imperialismo

confío no haber sido demasiado sectario
en el enfoque teórico del tema

señoras y señores
acaba de avisarme un compañero

que afuera nos esperan los señores gendarmes
tal vez para brindarnos alguna clase práctica

deseémonos coraje
y buena suerte

he dicho
          muchas gracias

CIUDAD EN QUE NO EXISTO

Creo que mi ciudad ya no tiene consuelo
entre otras cosas porque me ha perdido
o acaso sea pretexto de enamorado
que amaneciendo lejos imagina
sus arboledas y sus calles blancas

seguramente ella no recuerda
mis pasos que la saben de memoria
o tal vez esté sorda y ensimismada
y entorne sus persianas como párpados
para no ver la expiación del amor

yo en cambio la recuerdo aunque me ignore
a través de la bruma la distingo
y a pesar de acechanzas y recelos
la recupero cálida y soleada
única como un mito discretísimo

recojo de anteayer su imagen persuasiva
que nos había convencido a todos
uno se acomodaba entre las rocas
y el agua mansa de río salado
venía a lamer los pies y casi se quedaba

y cuando el horizonte se encendía
y había en el aire un hilo como baba de dios
que en uno de sus cabos tenía a un negrito
y en el otro un barrilete rubio
uno no era feliz pero faltaba poco

y cuando el horizonte se apagaba
y una hebra de sol se quedaba en un pájaro
el pino verde claro y el pino verde oscuro
acababan meciéndose como las siluetas
de dos gandules que lamentaran algo

de pronto la noche se volvía perpetua
y la alegría dulce y taciturna
si la vía lechosa se volcaba
sobre nosotros reminiscentes
era lindo acampar en el insomnio

exhumo mi ciudad tal como era
con apenas tres puntos cardinales
ya que donde vendría a estar el sur
no era punto cardinal sino un río
que descaradamente presumía de mar

todas las calles conducen al río mar
de todas las terrazas se divisa el mar río
en prosa se diría que es una península
pero en verso es mejor un barco desbocado
que se aleja del norte por las dudas

para cada uno la ciudad comienza
en un sitio cualquiera pero siempre distinto
más aún hubo días en que la ciudad
para mí empezaba en la plaza matriz
y otros en velsen y santiago de anca

la ciudad arranca allí donde uno
se siente absuelto por los niños terribles
casi comprendido por los zaguanes
interrogado por la reja o el farol
urgido por el muro pedagógico

la ciudad también puede empezar
con la primera muchacha que viene
a nuestro encuentro pero pasa de largo
y de todos modos deja una fruición
en el bochorno de las once y media

qué mujeres lindas tenía mi ciudad
hasta que las pusieron entre cuatro paredes
y las humillaron con delectación
qué mujeres lindas tienen los calabozos
qué hermanas silenciosas corajudas

luego que el mediodía acumula propuestas
y es tiempo de una siesta que no duermo
hay una verde comunión de rumores
tengo ganas de besar pero los labios
complementarios faltan sin aviso

la calle es la espina dorsal del barrio
es también el penthouse del linyera
un bostezo en la acera de sombra
garabato a destiempo
yuyito entre adoquines

la calle es por supuesto una pareja
una puerta cancel con vaticinios
la calle es un incendio y una estatua
y sobre todo una panadería
la calle es el ombú y el aguacero

todo eso era antes porque ahora
la calle es líber y es ibero
es hugo y heber y susana
los ocho obreros del paso molino
y nuestras marchas a los cementerios

la calle es la sirena horripilante
de un presidente que respira blindado
es una fila de hombres contra el muro
la sangre de sendic en las paredes
gente que corre huyendo de la gente

todo eso es ahora porque antes
la calle era un muestrario de balcones
la calle era estudiantes más obreros
a veces un tordillo vagabundo
o apenitas un chau de vereda a vereda

todo eso era antes porque ahora
la calle es una pinza omnipresente
es el toba y zelmar que vuelven a la tierra
peleando ya cadáveres por la misma bandera
que sus asesinos no pueden soportar

antes ahora antes ahora antes
cumplo con la absurda ceremonia
de escindir mi ciudad en dos mitades
en un rostro ritual y otro crispado
en dos rumbos contrarios en dos tiempos

y sin embargo es útil recordar
que el ahora estaba germinando en el antes
que el ahora integral sólo pudo formarse
con pedazos de antes
y de antes de antes

por eso mi ciudad diezmada y fuerte
llora desde los ojos del impar derrotado
desde los viejos ojos de curuguaty
que habían aprendido a ver visiones
en treinta años de un exilio infalible

ciudad donde dormimos demasiado
sin velar en lo oscuro lo mejor de nosotros
y sin creer ni aceptar que los crueles
siempre vuelven al lugar de su crimen
para acabar con los sobrevivientes

tuvo esperanzas mi ciudad
y no fueron delirios petrificados
ni profecías en alta voz
eran tan sólo sueños razonables
robustos como axiomas o albañiles

tuvo razones mi ciudad
para pasar del fósforo a la antorcha
y que el pueblo se mirara y dijera
carajo somos pueblo
y de inmediato empezara a crecer

tuvo vislumbres mi ciudad
por ejemplo admitió que ella no era el país
sino la cabezota de un paisito
y la vislumbre la dejó temblando
como de su culpa o desperdicio

tuvo falacias mi ciudad
palabras enredadas en palabras
ojos que no enfrentaban a los ojos
tramposos que caían en su trampa
oscuros deslumbrantes

tuvo clamores mi ciudad
nuevos instantáneos justicieros
que discutían con los oráculos
con las mareas del azar
y con las muertes de la vida

tuvo un presagio mi ciudad
por cierto menos agrio de lo que vino luego
pero lo tuvo y decidió enfrentarlo
y luchó con denuedo y fervor y no obstante
acabó derrotada por el mismo presagio

tuvo tormentas mi ciudad
cada uno teníamos un rayito privado
nos quedábamos sordos con los propios truenos
mientras el enemigo en su cámara hermética
anotaba los márgenes de mein kampf

hoy mi ciudad escucha su silencio
y no puede creer en tanta ausencia
y no puede creer en tanta muerte
y menos aún que no haya semáforos
en las avenidas del camposanto

pero sigue existiendo mi indeleble ciudad
abandonada en su tumba de calles
el chorro de su fuente no llega hasta la nube
la cruz y la campana confundidas
y nobles y autocríticas disuaden de lo eterno

los mediadores entre vida y sombra
ya no prometen y se deshabitan
de esperanzas que embriagan
la fogata genera su ceniza
la penúltima rosa está fané

los buitres planean como siempre
sobre prometedoras agonías
hay alaridos que imitan el susurro
hay susurros que imitan el silencio
hay silencios que van a ser la muerte

ya ni los niños sueñan despiertos y benignos
en los ojos abiertos llevan el alfabeto
la *a* de ansiedad la *b* de bronca
la *c* de caos la *d* de descalabro
la *e* de esperanza la *f* de futuro

si jugaban al fóbal en los campitos
ahora juegan a seguir siendo niños
para que nadie advierta cómo han madurado
con las ausencias y las malas noticias
y la falta absoluta de noticias

antes memorizaban las tablas y las fórmulas
honduras capital tegucigalpa
ahora se muerden los labios y se entrenan
para olvidar los nombres y los rostros
de los amigos de amigos de sus padres

así aunque las estatuas sepan hacer la venia
y las chicharras callen pero no otorguen
cómo no voy a reconocer mi ciudad
si el guiño cómplice de la farola
me comunica con el porvenir

mi ciudad vive pero en sus entrelíneas
todo chamuyo es un sobrentendido
cada jerigonza va en busca de su tímpano
hay contraseñas hasta en las bocinas
la sístole y la diástole aprendieron su morse

la consigna es vivir a pesar de ellos
al margen de ellos o en medio de ellos
convivir revivir sobrevivir vivir
con la paciencia que no tienen los flojos
pero que siempre han tenido los pueblos

la consigna es joderles el proyecto
seguir siendo nosotros y además formar parte
de esa linda tribu que es la humanidad
qué proeza si arruináramos nuestra ruina y de paso
liberáramos nuestra liberación

a veces mi ciudad se anunciaba lluviosa
cumplía su promesa con gotas importadas
después venía el chaparrón de paz
y era una lluvia mansa de esas que empiezan pero
nunca se sabe cuándo terminan

a veces mi ciudad era un golfo de sol
con arenas doradas y sombrillas azules
los cuerpos aprendían a descifrarse
se elegían de un vistazo y para siempre
aunque el siempre durara dos veranos

cuando escribo estos rápidos indicios
algo en mí se estremece se sonríe
juro sobre el decamerón que en este instante
se me ha extraviado la computadora
aquella que extraía raíces ideológicas

soy apenas un hombre de mi ciudad
que quisiera tenerla bajo sus plantas
y si me encono no es un simple achaque
también se debe a que me la quitaron
sin consultarme como viviente

la cosa no es golpearse el pecho
ni regodearse en el desconsuelo
ni aprontarse para el derrumbe
este capítulo no es de tango
ergo a inscribirse en el futuro

quizá eso signifique que para los mejores
el futuro va a ser una victoria plena
para algunos otros la ocasión de encontrarse
y para muchos más una franja de vida
ergo a inscribirse en el futuro

por eso he decidido ayudarte a existir
aunque sea llamándote ciudad en que no existo
así sencillamente ya que existís en mí
he decidido que me esperes viva
y he resuelto vivir para habitarte

BODAS DE PERLAS

C'est quand même beau de rajeunir.

RONY LESCOUFLAIR

Después de todo qué complicado es el amor breve
y en cambio qué sencillo el largo amor
digamos que éste no precisa barricadas
contra el tiempo ni contra el destiempo
ni se enreda en fervores a plazo fijo

el amor breve aun en aquellos tramos
en que ignora su proverbial urgencia
siempre guarda o esconde o disimula
semidioses que anuncian la invasión del olvido
en cambio el largo amor no tiene cismas
ni soluciones de continuidad
más bien continuidad de soluciones

esto viene ligado a una historia la nuestra
quiero decir de mi mujer y mía
historia que hizo escala en treinta marzos
que a esta altura son como treinta puentes
como treinta provincias de la misma memoria
porque cada época de un largo amor
cada capítulo de una consecuente pareja
es una región como sus propios árboles y ecos
sus propios descampados sus tibias contraseñas

he aquí que mi mujer y yo somos lo que se llama
una pareja corriente y por tanto despareja

treinta años incluidos los ochos bisiestos
de vida común y en extraordinario

alguien me informa que son bodas de perlas
y acaso lo sean ya que perla es secreto
y es brillo llanto fiesta honduras
y otras alegorías que aquí vienen de perlas

cuando la conocí
tenía apenas doce años y negras trenzas
y un perro atorrante
que a todos nos servía de felpudo
yo tenía catorce años y ni siquiera perro
calculé mentalmente futuro y arrecifes
y supe que me estaba destinada
mejor dicho que yo era el destinado
todavía no se cuál es la diferencia
así y todo tardé seis años en decírselo
y ella un minuto y medio en aceptarlo

pasé una temporada en buenos aires
y le escribía poemas o pancartas de amor
que ella ni siquiera comentaba en contra
y yo sin advertir la grave situación
cada vez escribía más poemas más pancartas
realmente fue una época difícil

menos mal que decidí regresar
como un novio pródigo cualquiera
el hermano tenía bicicleta
claro me la prestó y en rapto de coraje

salí en bajada por la calle almería
ah lamentablemente el regreso era en repecho

ella me estaba esperando muy atenta

cansado como un perro aunque enhiesto y altivo
bajé de aquel siniestro rodado y de pronto
me desmayé en sus brazos providenciales
y aunque no se ha repuesto aún de la sorpresa
juro que no lo hice con premeditación

por entonces su madre nos vigilaba
desde las más increíbles atalayas
yo me sentía cancerbado y miserable
delincuente casi delicuescente

claro eran otros tiempos y montevideo
era una linda ciudad provinciana
sin capital a la que referirse
y con ese trauma no hay terapia posible
eso deja huellas en las plazoletas

era tan provinciana que el presidente
andaba sin capangas y hasta sin ministros
uno podía encontrarlo en un café
o comprándose corbatas en una tienda
la prensa extranjera destacaba ese rasgo
comparándonos con suiza y costa rica

siempre estábamos llenos de exilados
así se escribía en tiempos suaves
ahora en cambio somos exiliados
pero la diferencia no reside en la i

eran bolivianos paraguayos cariocas
y sobre todo eran porteños
a nosotros nos daba mucha pena
verlos en la calle nostalgiosos y pobres
vendiéndonos recuerdos y empanadas

es claro son antiguas coyunturas
sin embargo señalo a lectores muy jóvenes
que graham bell ya había inventado el teléfono
de ahí que yo me instalara puntualmente a las seis
en la cervecería de la calle yatay
y desde allí hacía mi llamada de novio
que me llevaba como media hora

a tal punto era insólito mi lungo metraje
que ciertos parroquianos rompebolas
me gritaban cachándome al unísono
dale anclao en parís

como ven el amor era dura faena
y en algunas vergüenzas
casi industria insalubre

para colmo comí abundantísima lechuga
que nadie había desinfectado con carrel
en resumidas cuentas contraje el tifus
no exactamente el exantemático
era igual de alarmante y podrido

me daban agua de ajo y jugo de sandía
yo por las dudas me dejé la barba
e impresionaba mucho a las visitas

una tarde ella vino hasta mi casa
y tuvo un proceder no tradicional
casi diría prohibido y antihigiénico
que a mí me pareció conmovedor
besó mis labios tíficos y cuarteados
conquistándome entonces para siempre
ya que hasta ese momento no creía
que ella fuese tan tierna inconsciente y osada

de modo que no bien logré recuperar
los catorce kilos perdidos en la fiebre
me afeité la barba que no era de apóstol
sino de bichicome o de ciruja
me dediqué a ahorrar y junté dos mil mangos
cuando el dólar estaba me parece a uno ochenta

además decidimos nuestras vocaciones
quiero decir vocaciones rentables
ella se hizo aduanera y yo taquígrafo

íbamos a casarnos por la iglesia
y no tanto por dios padre y mayúsculo
como por el minúsculo jesús entre ladrones
con quien siempre me sentí solidario
pero el cura además de católico apostólico
era también romano y algo tronco
de ahí que exigiera no sé qué boleta
de bautismo o tal vez de nacimiento

si de algo estoy seguro es que he nacido
por lo tanto nos mudamos a otra iglesia
donde un simpático pastor luterano
que no jodía con los documentos
sucintamente nos casó y nosotros
dijimos sí como dándonos ánimo
y en la foto salimos espantosos

nuestra luna y su miel se llevaron a cabo
con una praxis semejante a la de hoy
ya que la humanidad ha innovado poco
en este punto realmente cardinal

fue allá por marzo del cuarenta y seis
meses después que daddy truman
conmovido generoso sensible expeditivo
convirtiera a hiroshima en ciudad cadáver
en inmóvil guiñapo en no ciudad

muy poco antes o muy poco después
en brasil adolphe berk embajador de usa
apoyaba qué raro el golpe contra vargas

en honduras las inversiones yanquis
ascendían a trescientos millones de dólares
paraguay y uruguay en intrépido ay
declaraban la guerra a alemania
sin provocar por cierto grandes conmociones
en chile allende era elegido senador
y en haití los estudiantes iban a la huelga
en martinica aimé cesaire el poeta
pasaba a ser alcalde en fort de france
en santo domingo el PCD
se transformaba en PSP
y en méxico el PRM
se transformaba en PRI
en bolivia no hubo cambios de siglas
pero faltaban tres meses solamente
para que lo colgaran a villarroel
argentina empezaba a generalizar
y casi de inmediato a coronelizar

nosotros dos nos fuimos a colonia suiza
ajenos al destino que se incubaba
ella con un chaleco verde que siempre me gustó
y yo con tres camisas blancas

en fin después hubo que trabajar
y trabajamos treinta años
al principio éramos jóvenes pero no lo sabíamos
cuando nos dimos cuenta ya no éramos jóvenes
si ahora todo parece tan remoto será
porque allí una familia era algo importante
y hoy es de una importancia reventada

cuando quisimos acordar el paisito
que había vivido una paz no ganada

empezó lentamente a trepidar
pero antes anduvimos muy campantes
por otras paces y trepidaciones
combinábamos las idas y las vueltas
la rutina nacional con la morriña allá lejos
viajamos tanto y con tantos rumbos
que nos cruzábamos con nosotros mismos
unos eran viajes de imaginación qué baratos
y otros qué lata con pasaporte y vacuna

miro nuestras fotos de venecia de insbruck
y también de malvín
del balneario solís o el philosophenweg
estábamos estamos estaremos juntos
pero cómo ha cambiado el alrededor
no me refiero al fondo con mugrientos canales
ni al de dunas limpias y solitarias
ni al hotel chajá ni al balcón de goethe
ni al contorno de muros y enredaderas
sino a los ojos crueles que nos miran ahora

algo ocurrió en nuestra partícula de mundo
que hizo de algunos hombres maquinarias de horror
estábamos estamos estaremos juntos
pero qué rodeados de ausencias y mutaciones
qué malheridos de sangre hermana
qué enceguecidos por la hoguera maldita

ahora nuestro amor tiene como el de todos
inevitables zonas de tristeza y presagios
paréntesis de miedo incorregibles lejanías
culpas que quisiéramos inventar de una vez
para liquidarlas definitivamente

la conocida sombra de nuestros cuerpos
ya no acaba en nosotros
sigue por cualquier suelo cualquier orilla
hasta alcanzar lo real escandaloso
y lamer con lealtad los restos de silencio
que también integran nuestro largo amor

hasta las menudencias cotidianas
se vuelven gigantescos promontorios
la suma de corazón y corazón
es una suasoria paz que quema
los labios empiezan a moverse
detrás del doble cristal sordomudo
por eso estoy obligado a imaginar
lo que ella imagina y viceversa

estábamos estamos estaremos juntos
a pedazos a ratos a párpados a sueños
soledad norte más soledad sur
para tomarle una mano nada más
ese primario gesto de la pareja
debí extender mi brazo por encima
de un continente intrincado y vastísimo
y es difícil no sólo porque mi brazo es corto
siempre tienen que ajustarme las mangas
sino porque debo pasar estirándome
sobre las torres de petróleo en maracaibo
los inocentes cocodrilos del amazonas
los tiras orientales de livramento

es cierto que treinta años de oleaje
nos dan un inconfundible aire salitroso

y gracias a él nos reconocemos
por encima de acechanzas y destrucciones

la vida íntima de dos
esa historia mundial en livre de poche
es tal vez un cantar de los cantares
más el eclesiastés y sin apocalipsis
una extraña geografía con torrentes
ensenadas praderas y calmas chichas

no podemos quejarnos
en treinta años la vida
nos ha llevado recio y traído suave
nos ha tenido tan pero tan ocupados
que siempre nos deja algo para descubrirnos
a veces nos separa y nos necesitamos
cuando uno necesita se siente vivo
entonces nos acerca y nos necesitamos

es bueno tener a mi mujer aquí
aunque estemos silenciosos y sin mirarnos
ella leyendo su séptimo círculo
y adivinando siempre quién es el asesino
yo escuchando noticias de onda corta
con el auricular para no molestarla
y sabiendo también quién es el asesino

la vida de pareja en treinta años
es una colección inimitable
de tangos diccionarios angustias mejorías
aeropuertos camas recompensas condenas

pero siempre hay un llanto finísimo
casi un hilo que nos atraviesa
y va enhebrando una estación con otra
borda aplazamientos y triunfos
le cose los botones al desorden
y hasta remienda melancolías

siempre hay un finísimo llanto un placer
que a veces ni siquiera tiene lágrimas
y es la parábola de esta historia mixta
la vida a cuatro manos el desvelo
o la alegría en que nos apoyamos
cada vez más seguros casi como
dos equilibristas sobre su alambre

de otro modo no habríamos llegado a saber
qué significa el brindis que ahora sigue
y que lógicamente no vamos a hacer público

23
marzo
1976

HOMBRE DE MALA VOLUNTAD

Cuando volvés a la tarde como a un oasis
y tu mujer te espera linda y ávida
y cree en la provincia de tu silencio
que hace tiempo vendiste al enemigo

cuando volvés de tarde como un padre mágico
y el gurí te salpica de inocencia
y te mira como mira un gorrión a ese cielo
del que hace tiempo te descolgaste

cuando te arrellanás en la dulzura
y la seguridad te envuelve como un aliento
y ves en las ventanas el otoño
esa reflexiva estación de lealtades

cuando una paz tan expugnable
trata de instalarse nada menos que en vos
y te das cuenta de que algo no marcha
porque ya no sabés qué hacer con ella

cuando el calorcito del hogar te acepta
y tu vieja entorna los ojos para oír
eine kleine nachtmusik o la última curda
o los cierra con modorra octogenaria

103

cuando toda la jornada se resume
en la gran disculpa que te enceniza
y preferís no abrir el diario de la noche
porque sabés todo lo que se calla

cuando metés el índice en el vaso de bohemia
para mover el hielo en el old smuggler
y el frío te sube de la yema al corazón
y después te baja del cuore a las tripas

cuando tu hijo diga buenas noches
y te bese el mentón y se pinche
y comprendas que sos para él
más o menos la bienaventuranza

cuando tu madre diga buenas noches
y se retire con tu infancia a cuestas
y la veas moverse paso a paso
como si no pudiera con la carga

cuando tu mujer diga buenas noches
y no vaya a dormir sino a esperarte
bajo las sábanas almidonadas
que cambió en tu homenaje

cuando todos te dejen en el living
a solas con tu húmedo bigote
y la mirada opaca como nunca
y el tocadiscos que se detiene solo

mejor lo pasarías si no tuvieras
en la retina y en los tímpanos
el rostro el puño el alarido
del muchachito de ojos claros

de mejillas pecosas
de bien marcado costillar
de rodillas casi puntiagudas
de piernas que saltaban como peces

cuánto mejor lo pasarías
si la memoria no fuese tan cabrona
como para mostrarte y volverte a mostrar
aquella desnudez indoblegable

y sobre todo aquellos ojos clarísimos
que te miraban como no creyendo
que vos el de corbata fueras
tan sólo una palanca de patíbulo

cuánto mejor lo estarías pasando
si te olvidaras para siempre
de ese recuerdo tan fresquito
tan acabado de nacer

tan intacto que es como si vieras
la boca que llegaba hasta el mismísimo
borde de la derrota y se mordía
y empezaba a morirse de victoria

cómo será la cosa que no te odiamos
fijate vos cómo será la cosa
que no te hacemos ese amargo honor
hombre de mala voluntad pobre hombre

quizá te alcance con que los ojos
de tu botija macanudo y frágil
mañana o pasadomañana te miren
porque estas cosas siempre se propagan

o el mes que viene o el año próximo
te miren esos ojos como no creyendo
claros también y no creyendo pero
ya no será mirada de gorrión

ojos claros te miren como no creyendo
pero creyendo al fin y al cabo
no con mirada de gorrión
pero creyendo al fin y al cabo

entonces pobre hombre de mala voluntad
ni siquiera juntando todo el odio
que quede disponible en el mercado
ninguno de nosotros podrá odiarte

como vos mismo te odiarás

LOS ESPEJOS
LAS SOMBRAS

Y las sombras que cruzan los espejos

VICENTE HUIDOBRO

Es tan fácil nacer en sitios que no existen
y sin embargo fueron brumosos y reales
por ejemplo mi sitio mi marmita de vida
mi suelta de palomas conservaba
una niebla capaz de confundir las brújulas
y atravesar de tarde los postigos
todo en el territorio de aquella infancia breve
con la casa en la loma cuyo dueño
era un tal valentín del escobar
y el nombre era sonoro me atraían
las paredes tan blancas y rugosas
ahí descubrí el lápiz como colón su américa
sin saber que era lápiz y mientras lo empuñaba
alguien hacía muecas al costado de un biombo
para que yo comiera pero yo no comía

después es la estación y es el ferrocarril
me envuelven en la manta de viaje y de calor
y había unas mangueras largas ágiles
que lavaban la noche en los andenes

las imágenes quedan como en un incunable
que sólo yo podría descifrar
puesto que soy el único especialista en mí
y sin embargo cuando regresé
apenas treinta y dos años más tarde
no había andén ni manta ni paredes rugosas
ya nadie recordaba la casa en la lomita
tampoco a valentín del escobar

quizá sea por eso que no puedo creer
en pueblo tan ceñido tan variable
sin bruma que atraviese los postigos
y confunda las brújulas
un paso de los toros enmendado
que no tiene ni biombo ni mangueras

el espejo tampoco sabe nada
con torpeza y herrumbre ese necio repite
mi pescuezo mi nuez y mis arrugas
debe haber pocas cosas en el mundo
con menos osadía que un espejo

en mis ojos amén de cataratas
y lentes de contacto con su neblina propia
hay rehenes y brujas
espesas telarañas sin arañas
hay fiscales y jueces

disculpen me quedé sin defensores
hay fiscales que tiemblan frente a los acusados
y jueces majaderos como tías
o deshumanizados como atentos verdugos
hay rostros arduos y fugaces
otros triviales pero permanentes
hay criaturas y perros y gorriones
que van garúa arriba ensimismados
y un sosías de dios que pone cielos
sobre nuestra mejor abolladura

y tampoco el espejo sabe nada
de por qué lo contemplo sin rencor y aburrido

y así de noche en noche
así de nacimiento en nacimiento
de espanto en espantajo
van o vamos o voy con las uñas partidas
de arañar y arañar la infinita corteza

más allá del orgullo los árboles quedaron
quedaron los presagios las fogatas
allá atrás allá atrás
quien es tan memorioso

ah pero la inocencia ese búfalo herido
interrumpe o reanuda
la fuga o cacería
de oscuro desenlace

todos mis domicilios me abandonan
y el botín que he ganado con esas deserciones
es un largo monólogo en hilachas
turbado peregrino garrafal
contrito y al final desmesurado
para mi humilde aguante

me desquito clavándole mi agüero
me vengo espolvoreándolo de culpas
pero la soledad
          esa guitarra
esa botella al mar
esa pancarta sin muchedumbrita
esa efemérides para el olvido
oasis que ha perdido su desierto

flojo tormento en espiral
cúpula rota y que se llueve
ese engendro del prójimo que soy
tierno rebuzno de la angustia
farola miope
tímpano
ceniza
nido de águila para torcazas
escobajo sin uvas
borde de algo importante que se ignora
esa insignificante libertad de gemir
ese carnal vacío
ese naipe sin mazo
ese adiós a ninguna
esa espiga de suerte
ese hueco en la almohada
esa impericia
ese sabor grisáceo
esa tapa sin libro
ese ombligo inservible
la soledad en fin
          esa guitarra
de pronto un día suena repentina y flamante
inventa prójimas de mi costilla
y hasta asombra la sombra
qué me cuentan

en verdad en verdad os digo que
nada existe en el mundo como la soledad
para buscarnos tierna compañía
cohorte escolta gente caravana

y el espejo ese apático supone
que uno está solo sólo porque rumia
en cambio una mujer cuando nos mira sabe

que uno nunca está solo aunque lo crea
ah por eso hijos míos si debéis elegir
entre una muchacha y un espejo
elegid la muchacha

cómo cambian los tiempos y el azogue
los espejos ahora vienen antinarcisos
hace cuarenta años la gente los compraba
para sentirse hermosa para saberse joven
eran lindos testigos ovalados
hoy en cambio son duros enemigos
cuadrados de rencor bruñidos por la inquina
nos agravian mortifican zahieren
y como si tal cosa pronuncian su chispazo
mencionan lustros y colesterol
pero no las silvestres bondades de estraperlo
la lenta madurez esa sabiduría
la colección completa de delirios
nada de eso   solamente exhuman
las averías del pellejo añejo
el desconsuelo y sus ojeras verdes
la calvicie que empieza o que concluye
los párpados vencidos siniestrados
las orejas mollejas la chatura nasal
las vacantes molares las islas del eczema

pero no hay que huir despavorido
ni llevarle el apunte a ese reflejo
nadie mejor que yo
para saber que miente

no caben en su estanque vertical
los que fui los que soy los que seré

siempre soy varios en parejos rumbos
el que quiere asomarse al precipicio
el que quiere vibrar inmóvil como un trompo
el que quiere respirar simplemente

será que nada de eso está en mis ojos
nadie sale a pedir el vistobueno
de los otros que acaso y sin acaso
también son otros y en diversos rumbos
el que aspira a encontrarse con su euforia
el que intenta ser flecha sin el arco
el que quiere respirar simplemente
será que nada de eso está en mi ceño
en mis hombros mi boca mis orejas
será que ya no exporto dudas ni minerales
no genera divisas mi conducta
tiene desequilibrios mi balanza de pagos
la caridad me cobra intereses leoninos
y acaparo dolor para el mercado interno

será que nada de eso llega al prójimo
pero yo estoy hablando del y con el espejo
y en su luna no hay prójima y si hay
será una entrometida que mira sobre mi hombro

los prójimos y prójimas no están en el luciente
sencillamente son habitantes de mí
y bueno se establecen en mí como pamperos
o como arroyos o como burbujas

por ejemplo las dudas no están en el espejo
las dudas que son meras preconfianzas
por ejemplo los miércoles no están
ya que el espejo es un profesional
de noches sabatinas y tardes domingueras
los miércoles de miércoles quién se le va a arrimar
pedestre o jadeante
inhumano y cansado
con la semana a medio resolver
las tardes gordas de preocupaciones
el ómnibus oliendo a axila de campeón
los insomnios no caben por ejemplo
no son frecuentes pero sí poblados
de canciones a trozos
de miradas que no eran para uno
y alguna que otra bronca no del todo prevista
de esas que consumen la bilis del trimestre
tampoco aquellos tangos en los que uno sujeta
en suave diagonal la humanidad contigua
y un magnetismo cálido y a la vez transitorio
consterna los gametos sus ene cromosomas
y entre corte y cortina se esparcen monosílabos
y tanto las pavadas aleluya
como las intuiciones aleluya aleluya
derriban las fronteras ideológicas

verbigracia qué puede rescatar el espejo
de una ausencia tajante
una de esas ausencias que concurren
que numeran sus cartas
y escriben besos ay de amor remoto

qué puede qué podría reconocer carajo
de las vidas y vidas que ya se me murieron
esos acribillados esos acriborrados

del abrazo y el mapa y los boliches
o los que obedecieron a su corazonada
hasta que el corazón les explotó en la mano
sea en el supermarket de la mala noticia
o en algún pobre rancho de un paisaje sin chau
poco puede conocer de los rostros
que no fueron mi rostro y sin embargo
siguen estando en mí
y menos todavía
de los desesperantes terraplenes
que traté de subir o de bajar
esos riesgos minúsculos que parecen montañas
y los otros los graves que salvé como un sordo
así hasta que la vida quedó sin intervalos
y la muerte quedó sin vacaciones
y mi piel se quedó sin otras pieles
y mis brazos vacíos como mangas
declamaron socorro para el mundo

en la esquina del triste no hay espejo
y lo que es
       más austero
             no hay auxilio

por qué será que cunden las alarmas
y no hay manera ya de descundirlas

el país tiene heridas grandes como provincias
y hay que aprender a andar sobre sus bordes
sin vomitar en ellas ni caer como bolos
ni volverse suicida o miserable
ni decir no va más
porque está yendo

y exportamos los huérfanos y viudas
como antes la lana o el tasajo
en el muelle del pobre no hay espejo
y lo que es
                    más sencillo
                              no hay adioses

los fraternos que estaban en el límite
las muchachas que estaban en los poemas
asaltaron de pronto el minuto perdido
y se desparramaron como tinta escarlata
sobre las ínfulas y los sobornos
metieron sus urgencias que eran gatos
en bolsas de arpillera
y cuando las abrieron aquello fue un escándalo
la fiesta prematura
igual que si se abre una alcancía

hacía tanto que éramos comedidos y cuerdos
que no nos vino mal este asedio a la suerte

los obreros en cambio no estaban en los poemas
estaban en sus manos nada más

que animan estructuras telas fibras
y cuidan de su máquina oh madre inoxidable
y velan su garganta buje a buje
y le toman el pulso
y le vigilan la temperatura
y le controlan la respiración
y aquí atornillan y desatornillan
y allí mitigan ayes y chirridos y ecos

o escuchan sus maltrechas confidencias
y por fin cuando suena el pito de las cinco
la atienden la consuelan y la apagan

los obreros no estaban en los poemas
pero a menudo estaban en las calles
con su rojo proyecto y con su puño
sus alpargatas y su humor de lija
y su beligerancia su paz y su paciencia
sus cojones de clase
qué clase de cojones
sus ollas populares
su modestia y su orgullo
que son casi lo mismo

las muchachas que estaban en los poemas
los obreros que estaban en las manos
hoy están duros en la cárcel firmes
como las cuatro barras que interrumpen el cielo

pero habrá otro tiempo
es claro que habrá otro
habrá otro tiempo porque el tiempo vuela
no importa que ellas y ellos no estén en el espejo
el tiempo volará
                        no como el cóndor
ni como el buitre ni como el albatros
ni como el churrinche ni como el benteveo
el tiempo volará como la historia
esa ave migratoria de alas fuertes
que cuando llega es para quedarse

y por fin las muchachas estarán en las manos
y por fin los obreros estarán en los poemas

ay espejo ignorás tanta vida posible
tenés mi soledad
vaya conquista
en qué magro atolón te obligaste a varar

hay un mundo de amor que te es ajeno
así que no te quedes mirando mi mirada
la modorra no escucha campanas ni promesas
tras de mí sigue habiendo un pedazo de historia
y yo tengo la llave de ese cofre barato
pero atrás más atrás
o adelante mucho más adelante
hay una historia plena
una patria en andamios con banderas posibles
y todo sin oráculo y sin ritos
y sin cofre y sin llave
simplemente una patria

ay espejo las sombras que te cruzan
son mucho más corpóreas que mi cuerpo depósito
el tiempo inagotable hace sus propios cálculos
y yo tengo pulmones y recuerdos y nuca
y otras abreviaturas de lo frágil
quizá una vez te quiebres
dicen que es mala suerte
pero ningún espejo pudo con el destino
o yo mismo me rompa sin que vos te destruyas
y sea así otra sombra que te cruce

pero espejo ya tuve como dieciocho camas
en los tres años últimos de este gran desparramo

como todas las sombras pasadas o futuras
soy nómada y testigo y mirasol
dentro de tres semanas tal vez me vaya y duerma
en mi cama vacía número diecinueve
no estarás para verlo
no estaré para verte

en otro cuarto neutro mengano y transitorio
también habrá un espejo que empezará a
            escrutarme
tan desprolijamente como vos
y aquí en este rincón duramente tranquilo
se instalará otro huésped temporal como yo
o acaso dos amantes recién homologados
absortos en su canje de vergüenzas
con fragores de amor e isócronos vaivenes

no podrás ignorarlos
ellos te ignorarán
no lograrás desprestigiar su piel
porque será de estreno y maravilla
ni siquiera podrás vituperar mi rostro
porque ya estaré fuera de tu alcance
diciéndole a otra luna de impersonal herrumbre
lo que una vez te dije con jactancia y recelo

he venido con todos mis enigmas
he venido con todos mis fantasmas
he venido con todos mis amores

y antes de que me mire
como vos me miraste
con ojos que eran sólo parodia de mis ojos
soltaré de una vez el desafío

ay espejo cuadrado
nuevo espejo de hotel y lejanía
aquí estoy
        ya podés
empezar a ignorarme

agosto
1976

CROQUIS PARA ALGÚN DÍA

Yo mismo temo a veces
que nada haya existido,
que mi memoria mienta,
que cada vez y siempre
—puesto que yo he cambiado—
cambie lo que he perdido.

LÍBER FALCÓ

Éste es mi asfalto que respira
estas baldosas son las que no invento
ésta es mi gente como espejo
éste es mi azar sin molde

pensé que iba a ponerme melancólico
o débil como un convaleciente
o que fuera a brotarme alguna euforia
ante estos árboles que recupero
con su bendita sombra y con su cielo

la dimensión es otra
sin embargo

volver por una rambla que antes era
y ahora es la mañana transparente
linda excusa este aire salitroso
sentirlo en la mejilla como una biografía

y que los terraplenes y los caballos sueltos
carros de verduleros y persianas
vuelvan a acomodarse en mi desorden
sin tomar represalias mansamente

no creí que la arena fuera a conservarse
tan pulcra tan genuina tan rebote de sol
claro otras playas del mundo nos derrotan
en olas en corales en malaguas
tiburones garotas esquí acuático
pero en arena somos invencibles

como seguramente habrán notado
éste es un modo de no entrar en materia
de posponer el fondo del reencuentro

es bravo regresar de semejante ausencia
hallarse a quemarropa con el país que es otro
oír sus siembras íntimas sus contraseñas
su silencio con ladridos y magia
y uno que otro clamorcito y gaviotas

algo está sucediendo en mi tango interior
como si la ceniza me velara la sangre
y me toma indefenso   yo esperaba
que una lluvia con sol lavara mis certezas
y mi culpa y mi saldo de inocencia
y sin embargo no era lluvia   era ceniza
cayéndome por dentro como verdad en polvo

aquí están mi mujer mi hermano mi madre
no está mi padre   se exilió en la muerte
quizá por eso el país no es el mismo
por cierto tenía una bondad tan dulce
como anacrónica   en los últimos tiempos
se ponía a llorar sin vanagloria

no siempre se sabía por qué o por quiénes
ahora se sabe   lloraba los pronósticos
los agüeros las nubes que hacen sombra
a los que son rastreados por la muerte

mi padre no entendía la crueldad
y eran los inicios de los crueles
fumaba el cigarrito que le habían prohibido
y hacía lo posible por mantenerse incrédulo
con los ojos modestos y agobiados
por setenta años de vida a contramano
pero cuando el aire se volvió irrespirable
entonces ya no quiso respirar

quizá por eso el país no es el mismo
mi padre era un vicario del paisaje
los pinos que veía eran siempre distintos
de los que veíamos nosotros y no están
el país que buscaba no era el mismo
que el que hallamos nosotros y no está

bueno también mi casa existe
qué dato inesperado usar mi cama
no despertarme a solas con mi cuerpo y el techo
y conciliar el sueño inconciliable
con mi mujer al lado   ese albedrío

nos pasaron los años cerca y lejos
el tiempo nos hirió por separado
uno hacía la prueba de pensar despacito
ahora qué estará haciendo allá en el cuarto

leyendo o extrañándome o tejiendo
pero además bregaba por sobrevivir
y cuidaba a mi vieja y a su vieja
y les hacía almácigos con las manías
y laboraba incontenibemente
para desconocer lo conocido

hablamos   es la larga puesta al día
no obstante es imposible a estas alturas
sintetizar así nomás la rabia
el desaliento y la fatiga
fe versus decepción
los abrazos que no
el tiempo evanescente

siempre una zona quedará
irremediablemente abandonada
devorada olvidada en el olvido
y en adelante la efusión
deberá concretarse a exactas remembranzas
a documentos del amor y el júbilo

nadie tuvo la culpa o su sinónimo
la tuvimos nosotros los malvivientes
porque vivimos mal la ocasión para el salto
nadie tuvo la culpa o su sinónimo
la tuvimos nosotros los malhechores
porque fueron mal hechos los cálculos y sueños
y también la tuvimos los bienvivientes
porque vivimos bien la justicia o el riesgo
y también la tuvimos los bienhechores
porque fueron bien hechos los esbozos de mundo

aquí está la ciudad de par en par
como una herida que ya no supura
pero aún es herida   lo será largamente
voy de abrazo en abrazo con prisa y parsimonia
cuento lo que no está   no paro de contar
y no me da vergüenza estremecerme
voy abrazando ausencias y no puedo
siento que me equivoco
errar es inhumano
voy de abrazo en abrazo con paciencia de ombú
de acacia de álamo de enredadera
una paciencia vegetal y antigua
mi abrazo viene desde mis raíces
savia que circuló en la infancia angosta
transcurrió perezosa por un barrio o destino
humedeció mi amor despenó mi penuria
dio frutos hojas profecías
me sintió sacudido por vientos y amenazas
volvió para infundirme su lógica nocturna
y enseñarme los trámites de su aplomo

luego por muchos años renuncié a ser árbol
por largas estaciones perdí ramas y savia
y hojas y raíces y paciencia
el exilio es un páramo a veces
otras veces es un huerto fraterno
y los otros nosotros comparten compartimos
calorías y pan suyo nuestro

pero aun así es difícil ser árbol
o arbusto o matorral o simple yuyo
donde la tierra es roja o menos negra
en fin sólo otro árbol así sea
del trópico o de alaska
podrá entender un tema tan frondoso

voy de abrazo en abrazo con preguntas remotas
en los otros hay párpados y ceños
que vienen de rescates o de ráfagas
nos encontramos como sobre un puente
y va desde el suplicio a la nostalgia
que es también un suplicio pero suave

algo nos ha marcado para toda la zafra
el estar aquí de unos
el no estar de los otros
y aunque todo se comprende y se sabe
un puente es siempre un puente

hay quienes llevan consigo su escombro
y esta gris felicidad llega tarde
cada viviente es un sobreviviente
la pared que quedó después del sismo
con la foto en el marco el almanaque
detenido en su hoja chamuscada

hay quienes miran en los ojos son
los optimistas que renovaron su cábala
la ajustaron, enmendaron tacharon
remediaron limaron mejoraron rehicieron
pero hasta en ellos existe una cautela obligatoria
y como hay glándulas que segregan cordura
a nadie le queda un santiamén de delirio

es hermoso es durísimo es un lujo
volver a los afectos de carne y hueso
no a las constelaciones afectuosas

todos tenemos más años más arrugas más canas
cicatrices estelas salpicaduras huellas
moralejas reliquias vestigios sedimentos
es tanto lo aprendido y lo desaprendido
lo domesticado y por suerte lo indócil
somos otros   habrá que serenarse
habrá que escucharnos latir
y empezar otra vez a conocernos
arrancando de lo previsto y verosímil
siguiendo con los acasos y el quién sabe
y así hasta la taumatúrgica conciencia
saber que estamos vivos y agitar esa vida

aunque sea temprano para tasar
qué sortilegio o qué maravilla
pudieron extraer de nuestros pobres fastos
la consternación y la añoranza

mi pregunta oficiosa es la siguiente
dónde están los verdugos
te advierto que no se habla de tortura
sino más bien de los torturadores
lo otro es un pantano
habrá que transformarlo en campo roturado
no para olvidarlo sino para acordarse
que se trata de una sangre ubérrima
lo feroz trasmutado en lo veraz

ya entiendo pero
dónde están los verdugos

mirá muchos alcanzaron a irse
quizá estén remordidos o repantigados
en oakland en miami en dallas texas
o tal vez en fort gulick   canal zone
enseñando o ayudando a enseñar
a cada vez más oficiales
de cada vez menos paisitos
que la letra con sangre entra
o por lo menos debería entrar

se trata de cursillos sobre el suplicio básico
como forma superior de democracia

claro que algunos quedan
están ahora en la etapa del pánico
uno se suicidó con alkaseltzer
lo acomodó en la amígdala y bebió
qué se va a hacer   ése por lo menos
tuvo un rasgo supremo de autocrítica
uno de los detalles que más los desconcierta
es precisamente que no los torturemos
uno llegó a hablar de crueldad sicológica
y que iba a reclamar a naciones unidas
casi lo fusilamos por imbécil

no pueden entender que exista otra justicia
distinta de la que ellos manejaron
no creen que nos neguemos a ser monstruos
y que no sea por lástima hacia ellos
sino por respeto a nuestros muertos y vivos

por supuesto habrá que fusilar a algunos
no como venganza que es un trasto inútil
más bien como profilaxis de la historia

eso lo habría comprendido hasta nixon
que ahora yace a la diestra de monroe

qué suerte ya no somos la suiza de américa
suena un poco inmodesto pero somos
el uruguay de américa

por fin junto coraje y asumo la prevista
hostilidad de mi biblioteca
los libros son por naturaleza rencorosos
recuerdo que a proust le vino el asma
cuando abrí el primer fanon
joyce se volvió realmente esotérico
cuando me enfrasqué en gramsci
faulkner jamás perdonará
mi apego por rulfo su legatario
borges se puso necio y laberíntico
cuando volví a quiroga
sarmiento se alunó durante un siglo
cuando aprendí las claves de martí

los libros son por naturaleza rencorosos
absorbentes posesivos y sin embargo
se parecen a mi historia privada

allí están los amores o mejor dicho
los libros que uno lee cuando está enamorado
allí están los deslumbramientos y las fobias
las caducidades y permanencias
seis mil o siete mil odios y afectos
novelas-ríos   poemas-lagunas   ensayos-bahías
filatélicamente juntados en treinta años
siempre pensé que
aunque no lo admitiéramos en público
mi biblioteca y yo éramos uña y carne
así hasta que la muerte famosa analfabeta
nos pusiera en distintas madrigueras

cuando la radio y el cantor cantaban
vivir sin ella nunca podré
ah yo pensaba en mi biblioteca
después supe que los tangos mentían
pero era inapelablemente tarde

uno puede llevar al exilio sus agravios
sus deudas sus problemas sus desesperaciones
pero no puede llevar su biblioteca
así que de a poco me vine a enterar
que realmente puedo vivir sin ella
ni siquiera eché de menos los estantes
con estas traducciones y ediciones
de mis libros
               es decir la egoteca

seguro las nostalgias cambian de sitio pero
qué menos va a pedirse a un escritor de pedigree
que un poco de morriña hacia su biblioteca
ergo no soy de pedigree

ni tengo epígonos mas si tuviera
les podría colgar este bochorno
hubiera sido un lindo sambenito

caramba mis morriñas no eran profesionales
además del amor y otros nudos gordianos
cómo extrañé las calles en especial las feas
y en ellas las muchachas en especial las lindas
y uno que otro café   mejor si llovía a cántaros
los árboles los quioscos la dura militancia
los domingos de estadio y los viernes de *marcha*

por un atardecer en malvín habría dado
dos shakespeare tres balzac
y todo toynbee que no es verdurita
por un solo vistazo a mi vía láctea
y ahora me enfrento a ellos tan adustos
con su soberbia encuadernada
su desapego en rústica
desde lomos inhóspitos me juzgan
con manchas de humedad o con letras a fuego

decido ser brutalmente sincero
no los necesité ah pero igual me gustan
pude vivir sin ellos es la pura verdad
tendré que acostumbrarme sólo eso
su silencio es de pasta
callan pero no otorgan
quizá voltaire o twain aguante la risa
pero claudel y carlos reyles me odian

los recorro uno a uno
los palpo los hojeo están más viejos
tienen arrugas y verrugas
páginas sueltas tapas descascaradas
por ellos pasó el tiempo y el plumero
de vez en cuando mi mujer los limpiaba
pero tienen atávicas manías

sólo rejuvenecen cuando los consultan
cuando los rayan y subrayan
cuando les agregan dibujitos y estrellas
cuando alguien los convence
de que son necesarios

esa inocencia me conmueve
la encuentro más humana que libresca
será por eso que intento dialogar
y además es sabido que leyendo
la gente se entiende
o se entendía

para empezar tengo a raimundo lulio
que por lo menos no es contemporáneo
lo abro en su doctrina pueril y no era tanto
amable hijo qué le conviene más
o morir una vez
o morir siempre en fuego perdurable
lo que se llama un golpe bajo
ni lo uno ni lo otro amable padre
por suerte uno es agnóstico
ahora entiendo por qué lo lapidaron

llevará tiempo
ya lo veo

siguen tan pero tan resentidos
volveré mañana y pasado y después
les iré explicando en breves dosis
que efectivamente son muy importantes
ah pero no lo único importante

chau raimundo padre amable
cuidate o te lapido

no sólo ellos están hoscos
quizá haya aquí   tres o cuatro países
y uno por lo menos crepita de rencor
no se tortura y sataniza en vano
ni en vano se enloquece a los inermes
la juventud acribillada odia
odia de todo corazón
odió en el cepo por años infinitos
nutrió con odio su larguísimo insomnio
lamió con odio sus heridas
construyó odio por odio un porvenir
odió para vivir para no delatar
odió para afirmarse en los presagios
para sentir su sangre sus músculos sus dientes
odió para elegir a qué escupía a quiénes
para recuperar su amor odió
para salvarse del naufragio
para sembrarse noche a noche
para no hundirse en la flojera odió
hizo flamear el odio como una patria
o lo ocultó como un fervor secreto

en el terror fue buen cómplice el odio
uno más a vaciarla de congojas
odió para creer para rehacerse
trozo a trozo después de destrozada
para mentir odió y tapar la verdad
con un amor dulcísimo

y aunque parezca increíble
ese odio se respira también en la alegría

abrazo a los galeotes y mis manos
reconocen las espaldas de odio
las cicatrices los rescoldos de odio
y si me miran en los ojos adivino
que me piden un odio solidario

y si en la plaza ibero
o en la avenida líber arce
suben los puños y los vivas
sólo los mueras llegan hasta las nubes
y siempre hay algún crápula que tiembla

pero aunque el odio sea buen centinela
el futuro no se hace
sólo con los guardianes del pasado
también con fundadores del presente

confieso que a esta niebla a estos azoros
sólo traigo una propuesta insegura
casi diría una gran perplejidad

cómo alzar un país de la ruina a la justicia
desde el desahucio hasta la bienvenida
desde la miseria hasta la plenitud
con el odio como única herramienta
como dura palanca

la conmiseración está vedada
este odio es la inclemencia que buscaron
así que no se quejen si lo encuentran
eterno e implacable

pero el odio está bien si está en su sitio
y su sitio no es el del desquite

el odio está bien si despeja la ruta
si de alguna manera nos permite la hazaña
de liberarnos y de liberar
de interrumpir el miedo
y dar vuelta el azar como una media
pero el odio está mal si nos excede
si puede más que nuestro tranco de hombres

ni una uña más acá de la justicia
ni tampoco una uña más allá
aunque no nos falten ganas de meterles la calva
en el bidón escatológico
y la trompa de eustaquio y las meninges
duramadre aracnoides y piamadre
y los colmillos y la putamadre

ni una uña más allá de la justicia
nuestra ventaja y nuestra desventaja
es que vivos o muertos
jodidos o triunfantes
nos hemos prohibido ser inmundos

y encuentro a otros galeotes
en éstos la alegría es prioritaria
por lo menos su instantánea es de gozo
como si no creyeran el ganado milagro
el reencuentro con su franja de vida
proyectos
proyectos
proyectos
proyectos
y aunque de pronto el rostro se carga de sombras
y algo concurre del pasado y oprime
la alegría vuelve como una pleamar
la alegría vuelve y todo lo inaugura

qué será de nosotros ahora
claro habrá que empezar
desde cero o desde menos cinco
recién salidos del terror alucinógeno
todavía no podemos desempañar el cielo
y hacerlo transparente como una ideología

aún es la hora de la exaltación
del llanto sin esclusas
del corazón borracho
del buen amor que intenta
recuperar su latitud perdida
del augurio y la caja de sorpresas

que es cada rostro sin capucha
pero también cada rostro sin máscara

habrá que convencer a las viudas del hombre
que todavía sueñan y despiertan
a los que se quedaron sin hijos y sin rumbo
en un fatal único parpadeo
habrá que convencer a huérfanos de asombro
uno por uno habrá que convencerlos
con una verdad pobre irrefutable
que todos somos deudos de sus muertos

y habrá que esperar que se vayan calmando
los sollozos los gritos las saudades
la pródiga cascada de señales
de vislumbres de atisbos de recobros

para saber qué será de nosotros
habrá que mirarnos cara a cara
y eso será difícil para todos
para los desollados en el cráter
para los calcinados en la ladera
para los que la lava les pasó al ladito
para los que quedaron a salvar la muerte
para los que se fueron obligados y grises

todo es legítimo o es nulo   todo
es según el dolor con que se mira
no hay fórmulas globales que descifren
cómo se integra o desintegra un pueblo

a todos nos desvela algún pasado
nos enciende un presente
nos conmina un futuro

seremos de aquí en más la tribu despareja
por un tiempo asimétrica y descompasada
un poco rengas la voluntad y la delicia
lacónico el coraje cuando no tartamudo
breves la decisión y la melancolía
pobre de proteínas el discurso

nos jugará malas pasadas la memoria
empezaremos a olvidar lo inolvidable
hablaremos a veces de bueyes perdidos
y callaremos los toros encontrados

haremos capote en el letargo de los tímidos
porque jugaremos con sueños marcados
los hastíos empezarán a divertirnos
acaso desmantelemos los manteles
cortaremos en rebanadas la ansiedad
haremos cometas con los pagarés
y así iremos eliminando a los momios
mediante un plan quinquenal del infarto

no sólo somos hombres de transición
también somos fantasmas transitivos
y cuando nuestras sombras empiezan a cantar
hasta los cardenales se santiguan

mi barricada es frágil contra batman
pero batman no existe   la fuente es fidedigna
sin embargo hay angustias infiltradas
hartos prejuicios contra algún prejuicio
y eso no siempre es útil

es bueno hacerse de uno o dos alertas
de ejecución artesanal segura
por ejemplo el dolor no es trinchera es un pozo
del que debe salirse urgentemente

otro ejemplo la alegría no estorba
la amargura sí es torva y además
nos recluye y segrega
una pena que no vale la pena

pero la gloria sí vale la gloria
me refiero a la cálida y modesta
de entrar golosamente en el amor
y de sobrevivirse como pueblo
y no bajomorirse como pueblo
y esto que quede alguna vez escrito
si uno pronuncia libertad o muerte
no es una ecuación apocalíptica
sino un voto feroz contra la muerte

la gloria de sufrir vale la pena
cuando los vientos soplan iracundos gustosos
hacia los arrecifes de la vida

de más está decirlo
conviene no estrellarse

de tanto pueblo y pueblo hecho pedazos
seguro va a nacer un pueblo entero
pero nosotros somos los pedazos
tenemos que encontrarnos
cada uno somos el contiguo de otro
en las junturas quedará la historia
de una buena esperanza remendada

tengo un pálpito nuevo
la unidad
esta vez no se hará a grito pelado
sino de labio adentro como si convocara
en un acierto garrafal flamante
los estados de ánimo
de una mersa gloriosa

para esta hazaña no valdrán retóricas
no hay poxipol ni habrá cabildo abierto
capaces de hermanar los vituperios
señores
la metralla no es rocío

un ibero premártir escribía
vamos uruguay tú tienes más de un pampero
pero también *soy yo con todos los otros todos juntos*
tuvo razón ibero que no está
por separado somos un soplido

un soplidito acaso meritorio
ah pero con los otros todos juntos
somos más que un pampero

ahora ya somos una tarde otoño
o tal vez una noche primavera
esto no lo hago adrede
pido excusas
siempre me cuesta un poco
recordar el futuro

a no preguntar más
qué será de nosotros
se acabó la derrota

en un surco cualquiera de la patria confiable
allí donde esparcimos nostalgias germinales
algo empieza a ocurrir está ocurriendo
inevitable pero lentamente

en la calma con gallos lejanísimos
si se alerta el oído se descubre
cómo alumbra o germina
no el país en pedazos que así éramos
sino este pueblo entero que así somos

ÍNDICE

BIBLIOTECA MARIO BENEDETTI
EN BOLSILLO

◆

Su obra al alcance de todos

Esta mañana y otros cuentos (1949)
Quién de nosotros (1953)
Poemas de la oficina (1956) / Poemas del hoyporhoy (1961)
Montevideanos (1959)
La tregua (1960)
Inventario Uno (1963)
Noción de patria (1963) / Próximo prójimo (1965)
Gracias por el fuego (1965)
La muerte y otras sorpresas (1968)
El cumpleaños de Juan Ángel (1971)
Poemas de otros (1974)
Con y sin nostalgia (1977)
La casa y el ladrillo (1977)
Cotidianas (1979)
Pedro y el capitán (1979)
Viento del exilio (1981)
Primavera con una esquina rota (1982)
Antología poética (1984)
Geografías (1984)
Preguntas al azar (1986)
Yesterday y mañana (1987)
Canciones del más acá (1988)
Despistes y franquezas (1989)
Las soledades de Babel (1991)
La borra del café (1992)
Perplejidades de fin de siglo (1993)
Inventario Dos (1994)
El amor, las mujeres y la vida (1995)
El olvido está lleno de memoria (1995)
Andamios (1996)
La vida ese paréntesis (1998)
Buzón de tiempo (1999)
Rincón de Haikus (1999)

Mario Benedetti
Antología poética

BIBLIOTECA MARIO BENEDETTI

Editorial Sudamericana

Mario Benedetti
Cotidianas

BIBLIOTECA MARIO BENEDETTI

Editorial Sudamericana

Mario Benedetti
Despistes
y franquezas

BIBLIOTECA MARIO BENEDETTI

Editorial Sudamericana

Mario Benedetti
La casa y el ladrillo

BIBLIOTECA MARIO BENEDETTI

Editorial Sudamericana

poemas

novelas

cuentos

teatro

Mario Benedetti
Las soledades
de Babel

Editorial Sudamericana

Mario Benedetti
Noción de patria
Próximo prójimo

Editorial Sudamericana

Mario Benedetti
Pedro y el capitán

Editorial Sudamericana

Mario Benedetti
Poemas de la oficina
Poemas del hoyporhoy

Editorial Sudamericana

Mario Benedetti
El amor, las mujeres
y la vida

Editorial Sudamericana

Composición de originales
G&A

Esta edición de 2.000 ejemplares
se terminó de imprimir el mes
de diciembre de 2000 en Rotoplec
Energía, 53 Sant Andreu de la Barca (Barcelona)